洋洋兔童书
YoHare Children's Books

启航吧！知识号

轻松读史记
先秦英杰

（西汉）司马迁 著　　洋洋兔 编绘

北京理工大学出版社
BEIJING INSTITUTE OF TECHNOLOGY PRESS

前言

《史记》是什么？很多小朋友会说：
"《史记》是一本古代的历史书，很厚很厚。"
"它是司马迁写的！"
"是我国历史上第一部纪传体通史！"

没错，《史记》是 2000 多年前由中国西汉史学家司马迁所写的史书，也是中国古代"二十四史"中最精彩的一部，是每个朝代都推崇的经典，是一部伟大的历史著作。

书中，司马迁用一个个人物故事讲述了**从上古传说中的黄帝到汉武帝年间**，共 3000 多年的历史。司马迁是第一个用人物故事的方式记录历史的史学家，这种**"纪传体"**后来被很多史书所采用。

《史记》全书包括 12 篇**"本纪"**（帝王的政绩），30 篇**"世家"**（各诸侯和大家族的兴衰史），70 篇**"列传"**（重要历史人物的事迹）。为了方便阅读，司马迁还把历史上发生的大事写成 10 个大事年**"表"**，另有记录历代制度的 8 篇**"书"**。一共 130 篇，50 多万字。

因为司马迁做过汉代的太史令（官名），又被称为太史公，所以《史记》一开始被叫作《太史公书》。本来古代的史书都叫作"史记"，但因为这本《太史公书》太有代表性了，所以从三国时期开始，人们口中的"史记"便特指此书。

大文学家鲁迅先生曾夸赞《史记》是**"史家之绝唱，无韵之离骚"**，意思是"没有比这本更精彩的历史书了，甚至比得上古代大文学家屈原写的《离骚》"。

那么，这部伟大的作品里讲了什么呢？

里面有帝王的用人之术，将相的胜负、治国的智慧，英雄们的人生起伏。英国大哲学家培根曾说过："读史使人明智。"

让我们通过《史记》学习古人的处世哲学与智慧吧。你想知道我们的祖先是怎样生活的吗？古代的小孩子要不要上学读书呢？皇帝真的是高高在上吗？那时候的人是怎么打仗的？对于这些问题，司马迁都会用一种充满文采、生动有趣的方式告诉你。除此之外，司马迁还写了很多有意思的人，有为了治水十三年不回家的**大禹**、跟大王比力气被杀的**孟说**、临死前还想吃个熊掌的**楚成王**，有因为一碗羊汤就跟君主翻脸的**羊斟**，更有被爹妈取名为"黑屁股"的**晋成公**……这些人就像是戏台上的演员，尽心尽力地为我们表演一场又一场人生大戏。

《史记》中还总结出许多**名言佳句**，比如"大行不顾细谨，大礼不辞小让""桃李不言，下自成蹊""失之毫厘，差之千里""忠言逆耳利于行，良药苦口利于病""人固有一死，或重于泰山，或轻于鸿毛"等。这些都是历史的精华，包含了深刻的人生哲理，大家可以牢记于心，作为以后为人处世的准则。

嗯，嗯，我前前后后写了 13 年呢！

赶紧翻开这本书，让我们感受一下 3000 多年波澜壮阔的中国历史吧！

［ 目录 ］

本篇列传是老子、庄周、申不害和韩非的合传。春秋战国时期，老子和庄周创立并发展了道家思想，申不害和韩非则是法家思想的代表人物。这两大思想都对后世产生了很大的影响。道家的思想注重自由而安逸，而法家的思想强调管理和约束。

司马迁将这四个人的故事放在同一篇列传里，除了表达对道家和法家两大思想的尊重外，也希望人们能将两者进行对比，从中体会其思想的精妙。

老子韩非列传

骑青牛的智者

年　代
➤ 春秋末期

出　身
➤ 周朝藏书室的史官

特　点
➤ 博闻广识、清静无为

成　就
➤ 《道德经》主要作者

老子

　　老子，姓李，名耳，字聃，春秋末期楚国人，思想家，道家学派创始人。他做过**周朝皇家藏书室的史官**。也就是在这里，他博览群书，学贯古今，成了有名的大学者。

　　孔子听说了老子的名声，便来到周都洛阳，向老子学礼。老子说："倡导'礼'的周公，骨头都已经烂没了，只有他的言论还在。君子应该顺其自然，有机会，就去做官，干一番事业。没机会，就像蓬草一样，自由地随风飘转就好了。"

孔子

老子劝孔子："聪明而有见识的人容易自寻死路，是因为他们爱议论别人；学识渊博的人容易给自身带来危险，是因为他们爱揭露别人的丑恶。"

做臣子的，也不要在国君面前显示自己的存在。

有道理！

回去后，孔子的弟子，都好奇地凑过来，问他这次会面，老子有什么高论。孔子说："**老子的思想深邃又难以捉摸，就像一条龙一样。真是太厉害了！**"

数十年后，周王室越来越衰落，老子决定离开周都。他骑着大青牛，慢悠悠地来到函谷关，被守关的长官**尹喜**拦了下来。尹喜请求他说："您要退隐了，请留下一部书吧！"于是，老子写下了传世经典《道德经》，**分为上下两篇，五千多字。**

才思泉涌，看我快速写完！

尹喜

之后，老子飘然而去，不知所终。有人说老子活了一百六十多岁，也有人说活了二百多岁。正是因为老子修道养心，才得以长寿。

司马迁有话说

老子推重"道"，倡导顺应自然，以"无为"来适应各种变化。所以，他写的书措辞微妙，不易理解。

不善言谈的法家代表人物

年 代	特 点
➤ 战国末期	➤ 有才华、犀利、耿直

出 身
➤ 韩国贵族

成 就
➤ 《韩非子》主要作者

韩非，天生口吃，讲话不利索，写书却非常厉害。他主张君主一人掌权，用刑罚约束百姓，用奖惩管理国家。他和李斯都是当时大学者荀子的学生，李斯自认为其学识比不上韩非。

当时，韩国在战国七雄中最为弱小，经常被秦国打，城池也丢得差不多了。韩非看到这种情况，就多次上书韩桓惠王，提出许多富国强兵的治国理念，但是都没被韩王采纳。

大王……治国要修明法制……

不是我所想的理念啊。

韩桓惠王

韩非很郁闷，开始埋头著书，总结了古往今来国君治国的得失，写出了《孤愤》《说难》等十多万字的著作。

其中，《说难》提到了"逆鳞"：龙，可以驯养，可以骑。但龙的喉咙下，长有逆鳞，人若触动它，就会被龙咬死。君主也有逆鳞，游说时，千万别触犯它，否则就会被伤害。

后来，韩非的著作被人传到了秦国，秦王嬴政看到他的文章，赞叹道："哎呀，寡人能见此人，死而无憾了！"听到李斯说，韩非在韩国，便立即发兵攻韩。

哎呀，寡人能见此人，死而无憾了！

这几本书是我师兄韩非写的。

李斯

起初韩王不重视韩非，这时情况紧急，才不得已派韩非出使秦国。秦王见了韩非，非常喜爱。这让李斯、姚贾很不高兴，两人就在秦王面前污蔑韩非："大王的理想是吞并六国，韩非是韩国贵族，到头来他肯定会舍弃秦国，帮助韩国，这是人之常情啊。您不任用他，在秦国待的时间长了再放他回去，是给自己留下祸根啊。不如找个罪名处死他！"于是，韩非被下狱问罪。

韩非肯定会背弃秦国而帮助韩国。

韩非了解我们的国家机密，不能放他走！

姚贾

李斯怕夜长梦多，派人送去了毒药。等秦王后悔了，派人去赦免韩非时，韩非已经毒发身亡了。

诸子百家

春秋战国时期，文人志士思想活跃，百家争鸣，各式各样的观点、理论被相继提出，达到了中国古代思想上的一个巅峰。据《汉书》记载，如阴阳家、医家、农家、杂家等各种留下名字的就有一百八十余家。其中最有名的就是儒家、墨家、道家、法家这四家。

儒家是对中华民族影响最深的思想学派，在春秋战国时期主张"仁、义、礼、智"，教导人们用仁爱、道德、礼仪去约束自己。

孔子

人人互爱，尊敬懂礼就天下太平啦！

墨家由墨子创立，讲究人人平等互爱，反对战争，提倡勤俭节约，反对奢侈的厚葬礼仪等，重视继承前人的文化遗产。墨子还是一名颇有成就的科学家，他很早就提出了倍率，以及时间和空间的概念，还做过大量的物理实验，发明了风筝。

浪费时间和财力举行祭奠，还不如研究风筝是怎么上天的。

墨子

得到有得到的乐趣，一无所有有一无所有的乐趣啊！

老子

道家由春秋时期的老子创立，追求自然、平和。在正确地理解自己和别人后便能自然而然达到仁、爱的境界。对于儒家的严于律己，道家认为过度不自然的要求可能会带来不好的结果。

韩非子是集法家大成之人，主张以法制国、以法育人。管仲、商鞅都可以说是法家先驱，而韩非子将这种思想和实践统一为理论。不同于其他思想理论，法家是实际的行动派，用赏罚直接去约束人们的言行。

韩非子

赏罚分明，看得见摸得着才是硬道理呀！

孙子吴起列传

这篇是古代三位著名军事家孙武、孙膑和吴起的合传。记录了孙武吴宫教战，孙膑围魏救赵、智斗庞涓，以及吴起在魏、楚两国一展军事、政治才能，使之富国强兵的事迹。

兵家始祖 孙武

年代
▶ 春秋末期

出身
▶ 齐国贵族

结局
▶ 功成身退，修著兵法

特点
▶ 智勇双全，杀伐果断

孙武

孙子，名武，齐国人，他的祖父孙书是齐国将军。因为精通兵法，孙武被吴王阖闾请入宫中。

吴王阖闾问他："先生的兵法，寡人都看过了，很精彩！能不能小规模操练一下？"孙武说可以。阖闾又问："用妇人演试可以吗？"孙武也说可以。

这是宫中佳丽一百八十人，就全交给你了。

吴王阖闾

于是，吴王阖闾叫出了后宫美女一百八十人，他的两个爱姬也在其中。孙武把这些妇人分成了两队，让每人拿一支戟，又让吴王阖闾的两个爱姬当了小队长。孙武问她们："你们知道前后左右吗？"宫女都说知道。接着，孙武开启了最简模式的队伍操练，就是叫你向前，你别往后；叫你往左，你别往右。

所有人持戟站成两队，夏妃、姜妃分别担任队长。

孙武宣布完号令，**叫出了执法武士**，告诉大家：**违令者立斩！**孙武扯着嗓子，一连喊了好几遍号令，结果没人理睬，后宫美女们只把这次操练当成游戏。"唉！"孙武无奈地叹了口气，接着再次申明纪律号令，击鼓发令。结果还是无人理睬。这回孙武真的怒了！

他说："纪律不清，号令不明，是将领的过错。现在都讲清楚了，你们却不执行，这就是士兵的过错。违令者斩，队长带头违反纪律，先斩队长！"

吴王阖闾在看台上见孙武要杀自己的爱姬，大吃一惊，赶紧派人下来对孙武说："寡人知道你会用兵了。千万别杀我的两个爱姬，没了她们，我吃不香，睡不好！"孙武却回：**"将在军中，君命有所不受！"**

他硬是砍了两个队长示众，又改让两队排头当队长，继续操练。这回没人再敢喧哗了，大家都按号令行动。吴王阖闾心疼两个爱姬被斩，等孙武上来叫他检阅的时候，他也没心情看了，只说让孙武回去休息吧。

我的爱姬啊……

队伍已经操练整齐，大王可下台观看。

但是通过这一次，吴王阖闾知道孙武善于用兵。后来在伍子胥的劝说下，他任命孙武当了将军，吴国之所以能西破强楚，威震诸侯，与孙武的参与出力是分不开的。

伍子胥列传

伍子胥是春秋末期吴国的著名政治家、军事家。他头脑清楚，性格果敢，为报杀父之仇，差点儿灭了楚国。他有桀骜不驯的一面，又能够忍辱负重，知恩图报，是中国古代强悍的复仇者。

惨遭灭门

年 代	特 点
➤ 春秋末期	➤ 刚烈、忍辱负重

出 身
➤ 官宦世家

成 就
➤ 辅佐吴王阖闾和夫差，使吴国成为春秋五霸之一

伍子胥

　　伍子胥，名员，春秋时楚国人。他的父亲叫伍奢，哥哥叫伍尚。祖先伍举就是当年给楚庄王猜"一鸣惊人"的名臣。所以，伍家在楚国很有声望。

伍子胥

伍奢

当时，秦楚联姻，楚平王派费无忌去秦国替太子建迎亲。费无忌见那个秦国女子非常漂亮，就趁这次机会来讨好楚平王，让楚平王自己留下，给太子另找了一个。

但是，费无忌担心太子建即位后会对自己不利，没日没夜地和楚平王说太子建的坏话："大王，太子因秦女之事，不能没有怨言，您要多加防备啊！我听说太子到了城父，暗地里结交诸侯，这是准备作乱啊！"

楚平王信以为真，当夜召来太子建的老师伍奢查问。伍奢气愤地说："大王，您为什么听信小人之言，而疏远至亲骨肉呢？"费无忌却怂恿楚平王说："您今天不先发制人，等他们叛乱成功，您就会被他们活捉！"楚平王立刻扣下伍奢，又派人去杀太子建。幸好太子建跑得快，逃到了宋国。

大王，您为什么非要听信谗言，疏远至亲骨肉呢？

这时费无忌又跟楚平王说："大王，伍奢的两个儿子都很厉害！如果不把他们处死，将来必是楚国的大患。"于是楚平王就派人去对伍奢说："快把你两个儿子叫来，不然处死你。"伍奢说："唉，我的大儿子伍尚为人宽厚，叫他，他一定能来。小儿子伍子胥，桀骜不驯，忍辱负重，能成大事，叫他，他势必不来。"

伍奢有两个儿子，如果不把他们杀掉，将来必是祸害。

说的有道理！

楚平王不听，派人去召伍家兄弟。伍尚一听马上想过去。伍子胥劝道："大哥，不能去。等我们一到，就会和父亲一起被处死。这么死没意义，不如逃走，借别国的力量为父报仇。"伍尚不听："即便是死，我也要去。父亲有难，儿子不去，将来一旦报不了仇，会被天下人耻笑的。你逃吧！你能为父报仇，就让我和父亲一起死吧！"

我们去了，会和父亲一起被处死的。不如投奔别国，借他们的力量为父亲报仇雪恨。

不去会被天下人耻笑。你逃吧！你可以报杀父之仇！

使者等得不耐烦了，抓了伍尚，又去捉伍子胥。伍子胥弯弓搭箭，对准来人，使者不敢上前，伍子胥趁势逃跑了。伍尚到了楚国都城，果然就和父亲伍奢一起被杀掉了。从此，伍子胥开启了传奇的复仇人生。

上车吧。

逃亡之路

　　伍子胥逃亡的时候，他一路狂奔，辗转几国，逃到吴楚边界的昭关，好不容易混出关，又被大江挡住去路，正当欲哭无泪之时，一叶小舟漂来。老渔翁看伍子胥情势危急，便帮他过了江。

你是当世英雄，我愿意帮助你。

　　伍子胥无以为报，解下了身上的佩剑，对渔父说："这把剑价值百金，送给您吧。"渔父却说："楚王用五万石粮食和封爵在悬赏你，我都没去告发，难道会图你一把剑吗？"他没有接受伍子胥的酬谢就走了。

这把剑价值百金，送给您吧。

我不要，我是自愿帮你的。

伐楚报仇

伍子胥背负对楚国的仇恨，一路乞讨，到了吴国首都。吴国当时正是吴王僚执政，公子光为将军。于是，伍子胥就通过公子光见到了吴王。

只要可以复仇，讨饭算什么？

过了很长一段时间，楚国、吴国边境发生了冲突。吴王派出公子光，拿下了楚国的两座边城，大胜而归。伍子胥一看，就劝吴王别停，继续打。公子光劝吴王说："楚国并不能一举攻破，伍子胥劝大王伐楚，是为自己家族报仇而已。"

现在是一举攻破楚国的好时机，请大王再派公子光率军伐楚。

好吧，我需要跟公子光商量一下。

而此时，伍子胥发现公子光有野心，想夺权，就转而给他推荐了一名勇士专诸，自己暂时归隐山野。

五年后，楚平王死了。吴王僚趁机派两个弟弟去偷袭楚国。吴国国内空虚，公子光就趁机派专诸杀了吴王僚，自立为王，这就是大名鼎鼎的吴王阖庐（又作阖闾）。之后，他召回伍子胥，封他为官，参与政事。

伍子胥又推荐了在吴国隐居的军事天才孙武来到吴王阖闾身边。在伍子胥、孙武的辅佐下，吴国实力飞升，一下子跻身于强国之列。

几年后，吴王联合唐、蔡两国，大举攻楚。柏举之战中，攻楚大军势如破竹，五战五胜，把二十万楚军打得落花流水。年轻的楚昭王吓得乱了阵脚，丢下都城就跑了。就在他出逃的第二天，联军就攻破了楚国都城。

伍子胥没有抓到楚昭王，心有不甘，就掘开楚平王的墓，拖出他的尸骨，狠狠地抽了三百鞭子，才住手。

还记得我当年说过，你若灭楚，我必救楚！

申包胥

伍子胥的老友，楚国大臣申包胥看不下去了，派人对伍子胥说："你这家伙太过分了吧？拿着鞭子打死人，不讲天理！还记得我当年说过吧，你若灭楚，我必救楚！"

申包胥为了救楚，跑去秦国，请秦哀公出兵相救。秦王不肯发兵，申包胥就站在秦国的朝堂上，一连哭了七天七夜。最终感动了秦哀公。于是，秦国派了五百辆兵车去解救楚国，将处在灭亡边缘的楚国拉了回来。

吴虽然没能一口吞下强大的楚国，但有了伍子胥和孙武的谋略，吴国国力增强，达到了鼎盛。

请您救救楚国吧！

这篇传记是古代名医扁鹊和淳于意的合传，通过两人的故事，展现了中国古代的传统医学，阐明了治病的一些方法和手段。

扁鹊仓公列传

起死回生虢太子

年 代
➤ 战国时期

特 点
➤ 医术精湛，人品高洁

成 就
➤ 奠定中医学切脉诊断方法

扁鹊

妙手回春

扁鹊，本名秦越人，是春秋战国时期的名医。因为医术高超，所以人们用神话传说中的神医"扁鹊"来称呼他。

扁鹊年轻时，曾做过旅店主管。旅店里有个常来的顾客，名叫**长桑君，是个医术高明的奇人，**扁鹊待他很恭谨。有一天，长桑君把扁鹊叫到房间里，悄悄对他说："我老了，这些治病的秘方都给你了！"扁鹊拿了秘方，学了医术。之后，他游历四方，给人看病。

我已年老，这些医术及秘方都传授于你吧。

长桑君

32

有一次，扁鹊路经虢国，刚好虢国的太子死了，全国的老百姓都在祈福消灾。扁鹊来到宫门前，向一个懂得医术的中庶子打听："太子得的是什么病？死了多久？装进棺材了吗？"中庶子回答说："太子清晨时，突然昏厥而死，还没装进棺材。"

太子突然昏厥而死，还没装进棺材。

太子得的是什么病？

中庶子

扁鹊马上说："你快去禀报，就说我叫秦越人，能让太子死而复生。"中庶子不信，扁鹊就说："你要是不信我，就回去看看太子，他的鼻孔应该还有微弱张合，身体也没完全凉下来。"

你快去禀报，我能救太子！

侍从被惊得目瞪口呆，半信半疑地赶紧回宫禀报。国君听说后，马上跑出来接见，对扁鹊说："久闻先生大名，如果您能救活太子，那我可真是太幸运了！"扁鹊向大家解释，这种病是假死，然后让弟子把铁针和石针磨好。

先生，请您快救救我的太子。

随后，扁鹊在太子头顶的百会穴扎了一针。不大会儿工夫，太子缓缓睁开了双眼。扁鹊又给太子开了些汤药，仅吃了二十几天，太子就完全康复了。

从此，扁鹊名气更大了，人们都认为他有"起死回生"的本事。

扁鹊见
齐桓侯

有一次，扁鹊来到齐国国都，齐桓侯热情款待了他。席间，扁鹊见齐桓侯气色不好，断定他已经生病了："您的皮肤下面有小病，如不尽快治疗，就会加重。"齐桓侯不当回事地说："我没病。"扁鹊出去后，齐桓侯对身边的人说："医生都贪图名利，把没病说成有病，来显示自己的本事。"

五天后，扁鹊来见齐桓侯，说："国君，您的病已经在血脉里，不治恐怕会深入体内。"齐桓侯又说自己没生病。扁鹊出去后，齐桓侯心里已经很不高兴了。

又过了五天，扁鹊去见齐桓侯，说："您的病已经深入肠胃中了，再不治就来不及了！"齐桓侯不搭理他。扁鹊出去之后，齐桓侯更不高兴了。

又过了五天，扁鹊望见齐桓侯撒腿就跑。齐桓侯觉得奇怪，就派人去询问。扁鹊说："病在肤表，用药物热敷可以治好；病入血脉，用针灸可以治好；病到了肠胃，用药酒也能治愈。如今，齐桓侯的病已经深入骨髓，神仙在世也治不好！"

而后过了五天，桓侯果然病重，他派人去请扁鹊，而扁鹊早已逃离了齐国。不久，齐桓侯就病死了。

司马迁有话说

　　假使齐桓侯在病症尚未显露时就让扁鹊及早诊治，那么也不会枉送性命。人们总担心病多，于是讳言生病，而医生却只是忧虑治病的方法太少。

孟子荀卿列传

　　本篇列传是以孟子、荀子的故事为主，集合十二位思想家的合传。春秋战国时期，百家争鸣，众多思想兴起。孟子和荀子都是儒家思想代表人物。

　　孟子他主张人本性善良，要学会辨别是非对错；荀子认为人生性为恶，需要礼法管束。他们的理论都没有得到君王的重用。从这篇列传中能看到当时异常丰富的文化思想。

亚圣 孟子

年 代

▶ 战国时期

出 身

▶ 儒家代表人物，子思的再传弟子

特 点

▶ 仁政民本、人性本善

结 局

▶ 退居讲学，著书立说

孟子

孟子，名轲，战国时期邹国人。他曾经跟着子思（孔子之孙）的弟子求过学，潜心研究儒学，继承和发扬了孔子的仁政思想。

后来，孟子先去游说齐宣王，对他说："君王要爱护子民，把百姓放在第一位，国家其次，君在最后。这就是仁。"齐宣王没有采纳他的主张。

大王，仁政……

现在各国都在打仗，谁有心思搞"仁政"啊！

齐宣王

于是他又到了梁国，梁惠王也不爱听他那一套理论，认为他的思想大而空泛，没有用。当时整个天下都正热衷于大搞合纵连横，谁会打仗谁就是最有本领的人，而孟轲却在那里大谈德政，因此他走到哪儿也没人重用。

最后，孟子只好回到家乡，与弟子万章等人整理《诗》和《书》，阐发孔子的思想，写出了《孟子》一书，共七篇。孟子也被称为"亚圣"。

仁义礼法

孟子讲仁义，荀子重礼法

孟子被认为是最能继承和发扬孔子思想精髓的人，继承并发展孔子"仁"的思想；荀子则在总结儒、墨、道三家得失的基础上，对儒学进行改造，继承了其中的"礼"的思想。从"仁"出发，孟子又提出"义"的主张。他认为如果人人都能用仁义来处理人际关系，就能够带来稳定的秩序。

荀子则认为人与生俱来就有各种欲望，欲望得不到满足就会发生争执，需要用礼来加以教导、规范。可以说，孟子更注重内心的修养，而荀子更注重外部的约束。约束若更进一步发展，就是法令制度，荀子之所以有韩非、李斯两个法家弟子，正是因为这个缘故。

同是天涯沦落人

虽然孟子与荀子的思想不同，但命运却都是一样坎坷，不为当世所容。在各国君主都只想以武力争胜的战国时代，孟子提倡的"仁政""德治"与他们的需求格格不入，自然没人愿意重用他。而荀子虽重视规范，但反对以暴力对人加以制裁，不如法家思想实用，因此也屡受排挤、打击。

相比之下，阴阳家邹衍就十分风光。邹衍的学说与孟子一样，以仁义为出发点，但他很会逢迎君主，添加了许多荒诞怪异的内容。因此他到魏国，魏王亲自远迎接待；到赵国，平原君侧身陪行，为他拂拭座席；到燕国，燕昭王拿着扫帚为他扫路开道……

不过，君主们也只是对那些新奇怪诞的东西感兴趣，对于其中的仁义之道则不屑一顾。邹衍歪曲学说以换取地位的做法，更反衬出孟子、荀子坚持理想的可贵。

商君列传

　　商君即商鞅，是秦国历史上重要的改革家。他做事果断，雷厉风行，不固守旧理。

　　秦孝公当政时，已进入七雄争霸的战国时期，诸侯相互吞并，强者恒强，商鞅顺应历史的潮流，辅佐秦孝公实行变法，为秦国成为七国中最强大的国家打下坚实的基础。

商鞅取信秦孝公

年 代	
▶ 战国中期	

出 身
▶ 卫国贵族

特 点
▶ 严厉执法

结 局
▶ 车裂族灭

商鞅

秦国在招贤纳士，去试试。

　　商鞅，名鞅，姓公孙，是战国时期很厉害的法家人物。他是**卫国王室的后代**，酷爱法学，后成为魏国相国公叔痤的家臣。公叔痤去世后，公孙鞅听说秦孝公在招贤纳士，就投奔了秦国。

他通过秦孝公的宠臣景监见到了秦孝公，欲畅谈变法治国之策，不料秦孝公边听边打瞌睡，一点儿也听不进去。

等公孙鞅走后，景监就责备他只讲空话。公孙鞅说："我给大王讲五帝治国的办法，可惜他不能领悟啊。"

五天之后，公孙鞅再次见到秦孝公，还没有让他满意。之后，景监又来责备公孙鞅。公孙鞅说："这次我讲了三王治国的办法，他也不感兴趣。请让我再试一下吧！"

于是公孙鞅第三次见到秦孝公。这次，秦孝公与他谈得非常投机，甚至不知不觉把身子靠了过去。两人一直谈了几天都不知疲倦。

事后景监问他拿什么打动了国君，公孙鞅说："大王想名扬天下，我就和他谈强国之术，这让他很高兴。但是这样做，秦国也就不可能再达到殷朝、周朝那样的道德水平了。"

就是这样，公孙鞅准确把握了秦孝公的需求，逐步赢得了他的信任。

徙木立信

秦孝公想实行变法，但他还是犹豫，怕自己被天下人非议。公孙鞅就说："出类拔萃的人难免引起普通人的误解，要做大事就不用征求一般人的意见。聪明的人制定法度，愚蠢的人被法度制约；贤能的人变更礼制，寻常的人被礼制约束。只要能使国家富强，就不必去效法古代的典章；只要能使百姓得利，就不必遵循旧时的礼教。"

变法之事会不会引起老百姓的议论？

只要变法真的有利于百姓，您又何必介意呢？

大臣甘龙强烈表示反对："圣人不改变民俗就能施以教化，聪明的人不改变成法就能治理国家。顺应民俗施以教化，不费力就能成功；沿用成法治理国家，百姓自然安定。"商鞅说："治理国家没有一成不变的办法，有利于国家就没必要仿效旧法度（治世不一道，便国不法古）。武王不效旧法，最终统治了天下；夏殷不更换旧礼制，结果不是灭亡了吗？"秦孝公觉得公孙鞅说的有道理，任命他为左庶长，负责制定新法。

公孙鞅夜以继日，终于编订了一系列新制度。比如，把百姓每十家编为一什，每五家编为一伍。互相监督检举，一家犯法，九家检举，若不检举，十家一起治罪……官职的大小和爵位的高低以打仗立功为标准：贵族没有军功的就没有爵位；多生产粮食和布帛的，免除劳役……新法的中心是赏罚分明。

新法是订好了，但还没公布，公孙鞅担心百姓怀疑政府说话不算数，决定先在百姓中树立威信，于是想了一个办法：先在都城的南门立了一根三丈长的杆子，告诉百姓："谁能把这根木头扛到北门，赏十金！"百姓觉得这件事很奇怪，没人敢动。

谁能把这根三丈高的木头扛到北门，就赏十金！

公孙鞅见此情景，决定加高赏金："能把它扛到北门，赏五十金！"这时站出来一个人，把木头扛到了北门，公孙鞅立即赏给了他五十金。此事传开后，立刻轰动了全国，大家都知道公孙鞅令出必行，绝不骗人，新法随即颁布。

商鞅的计谋

新法推行一年，效果并不理想，很多人跑来都城反对新法。

就在这时，太子触犯了新法，公孙鞅借机立威："法令之所以推行不畅，是因为上层有人破坏。"太子因为是储君无法处置，公孙鞅就处罚了太子两个倒霉的老师。第二天，秦人就都乖乖地执行新法了，没人敢说个"不"字。经过变法，秦国从贫穷落后变得富有强大，成为一方霸主。

而后有一年，秦孝公派公孙鞅率兵伐魏。当时，魏国已在马陵之战中败给了齐国，国力衰弱。

统帅魏军的是公孙鞅的好友公子卬。公孙鞅知道后，热情洋溢地给他送了封信："你我原本是好友，今天即便成为敌对两国的将领，也不忍心交战，希望和你见面，订立盟约后罢兵，这样我们不伤一兵一卒，就能让秦魏两国相安无事。"

傻傻的公子卬居然爽快地答应了。在会盟时，公子卬喝得正高兴，公孙鞅就把他给绑了。统帅被抓，魏军大乱，秦军乘机攻打魏军，最后逼得魏国割地求和。魏国让出了河西地区，又被迫迁都大梁。

公孙鞅赢了，秦孝公把於、商十五邑给了他。从此，公孙鞅被尊称为商君，也叫商鞅。

战国时期的各国变法

　　法家是中国古代诞生的一种重要思想，主张以法治国，用法律和刑罚去约束人们的行为。在战国时期很多国家都实行过变法，每一次变法都令这些国家变得更加富强。

种自己的地，干劲十足啊！

李悝变法

　　魏文侯在魏国建立之初任用李悝（kuī）为相，李悝为了能让魏国快速强大起来实行了变法。

　　他废除了官吏世袭制，取消贵族世袭的俸禄来广纳贤才。同时他允许土地买卖，鼓励农民积极生产。他还对军队编制提出了改革，根据不同兵种的特点来整编部队。最后他吸收各国法律写下《法经》来强化法制。

吴起变法

　　楚悼王在位期间，楚国虽为大国，但经济和实力都逐渐落后于邻国。于是楚悼王任用吴起实行变法。

　　吴起的变法首先针对世袭的贵族，削减他们的俸禄，不再按照爵位统一分发，而采用论功行赏的制度。他积极打击国内存在的腐败，严禁用"人

这下完了！

楚国不养无能之人。

情"办公。吴起还提高了士兵的待遇，将法令公布于众，教导人们遵纪守法，大幅改善了楚国国力。

商鞅变法

秦国实行的商鞅变法最为有名，两次变法为秦朝建立打下了坚实的基础。

商鞅采取的变法是各国变法中最严苛的，主张小罪也要受重刑。连坐政策更让民众互相监督彼此的言行。同时他大力发展农业，对经商收取重税。他也废除世禄制，用分级的民户管理制度和军功封爵治理出了一个强大的秦国。

申不害变法

韩昭侯在各国先后变法的潮流中任用申不害为韩国变法。

大王您来监督官员，韩国就国泰民安了。

申不害的变法强调君主的高度集权，同时对官吏进行考核提高了治国效率。他也鼓励发展农业和手工业，并强化军工生产。他还将各地贵族的私兵收入国编严加训练，增加了韩国的战斗力。不过他的变法过于强调君主的执政能力，并不是用统一的法律去约束国民。

苏秦列传

　　本篇传记，以苏秦为主，兼及苏氏兄弟苏代和苏厉。在战国七雄中，秦最为强大，还对其余六国虎视眈眈，试图兼并六国，统一天下。这个时候，出现了主张"合纵"的苏秦和主张"连横"的张仪。

　　"合纵"是指六国合力抵抗强秦；"连横"是指小国与秦、齐等强国交好，借强国势力对付另外几国。苏秦是战国时期著名的辩士，他虽为一介平民，却制订了六国联合抗秦的方针，凭借口才成了可以影响天下局势的关键人物。

悬梁刺股

年代
▶ 战国中后期

出身
▶ 平民

特点
▶ 坚韧不拔、能言善辩

成就
▶ 成功地促成了六国合纵联盟，一度遏制了秦国的扩张

苏秦

苏秦，东周国洛阳人，曾拜在战国时期的思想家鬼谷子门下学习，很想有所作为。

当他学成之后，在外游历多年，最终却贫困潦倒，狼狈地回到家里。邻里家人都讥笑他："我们周人的习俗就是置办产业，踏实经营，追求利润。而你不务正业，妄图利用耍嘴皮子来发财致富，可悲啊！"

不务正业！

靠耍嘴皮子来致富，可悲啊！

哥哥

嫂子

妻子

苏秦听了这些话，就闭门不出，把自己读过的书又全都看了一遍。他夜以继日地读书，困了就用锥子扎大腿，使自己清醒，继续用功。一段时间后，他很苦恼："我整天埋头读书，却不能靠它获得荣华富贵。书读得再多，又有什么用处呢？"

书读得再多，没有仕途，又有什么用呢？

后来，苏秦找到一本名叫《阴符》的书，苦读了一年。最终大彻大悟，找到了**揣摩国君心意的方法**。于是，他开始游说各国。

这个好像有点意思……

游说列国

苏秦游说各国，先去见周显王。但是大臣们都认识苏秦，不信他那一套。

苏秦来到秦国，对秦惠王说："大王，秦国百姓众多，士兵训练有素，足以称霸天下啊！"秦惠王却说："我国羽翼还未丰满，各项政策还没有走上正轨，还不能兼并天下。"因为当时秦国刚杀了商鞅，正厌恶游说的人，所以对苏秦的游说不感兴趣。

> 我国羽翼还未丰满，还不能兼并天下。

秦惠王

而后，苏秦来到赵国，依旧碰了一鼻子灰！一再受挫的苏秦并没有放弃，就去燕国游说。等了一年多，才找到机会拜见燕文侯。他问燕文侯："大王，您知道燕国为什么没有遭到其他国家的侵犯吗？"燕文侯说不知道，苏秦接着说："那是因为有赵国这个天然屏障啊！所以，若大王能与赵国联合，再和其他四国结为一体，就可以对抗强秦了！"燕文侯觉得他说的有理，就请他全权负责此事。

> 燕国为何没有遭到侵犯，是因为有赵国这个天然屏障啊！

> 有道理！

燕文侯

苏秦来到赵国，对赵肃侯说，如果坐视秦国侵略其他几国，等秦国日益壮大后，势必掉头收拾孤立无援的赵国。还帮他想了对策："大王，假如赵国能与其他几国结为一体，那秦国一定不敢过来进犯！"赵肃侯很是感激，送给苏秦丰厚的赏赐，对他说："从来没人告诉我治国的长远之计，寡人愿让整个赵国听从您的安排！"

一切准备妥当，苏秦便前往游说六国中的其余四国——韩、魏、齐、楚。

苏秦到了韩国，韩宣王好武，苏秦就投其所好，夸赞韩国武备精良，以此激励他。韩宣王决定听苏秦的，向他保证道："我虽然没出息，但也决不会向秦国屈服！"

接着，苏秦又来到魏国，说服魏惠王："大王如此贤明，却臣服于秦，不时割地献物，太不应该了！请大王不要贪图一时的利益，六国结盟就不用怕秦国了。"魏国也愿意结盟。

紧接着，苏秦游说齐宣王："齐国四面天险，人多势众，秦国对齐一直无可奈何。但大王却一直侍奉秦国，我为您而羞耻！"齐宣王同意听苏秦的。

听你的好啦！

齐宣王

最后，苏秦游说楚威王，对他说："楚国如此强大，与其向秦称臣，不如自己成就霸业！如果与诸国联合抗秦，诸国定会向您进贡珍宝美食，您的后宫会装满各国的美女……"楚威王非常高兴，答应联合抗秦。

就这样，**苏秦成功游说各国，成了六国合纵的纵约长，还当了六国的相国。**

衣锦还乡

苏秦北上向赵王复命，途经家乡洛阳，随行的车马和随从数量极多，气派程度都可以和帝王比上一比了。连周显王也赶紧命人清扫道路，派使臣到郊外迎接。

真气派啊。

苏秦回到家中，他的兄弟、妻子、嫂子低眉顺眼不敢抬头看他。尤其是他的嫂子，不再趾高气扬，而是跪在地上侍候他吃饭。苏秦笑着对他的嫂嫂说："你为何以前对我傲慢，而现在如此恭敬？"嫂嫂把脸贴在地上，请罪说："因为小叔您现在官大、钱多啊！"

您现在官大啊。

你为何如此恭敬？

这一番景象，让苏秦感慨万分，他心想：亲人尚且对我如此，何况是一般人呢！若我当初安于耕种而没有发奋读书，哪会有今日的威风呢？于是，苏秦把千金分赐给同族的人和朋友，并报答了对自己有恩的人。

当初，苏秦去燕国时，曾经向人借了一百钱做路费，现在还了他一百金！他的随从人员中，唯独有一个人没得到赏赐，就来问苏秦。苏秦说："我没忘了你，只是当初去燕国遇到困难，你屡次要弃我而去。让你最后一个领赏，也是我对过往耿耿于怀而已。"于是也报答了他。

感谢你当初借了一百钱。

舌取十城

苏秦约定六国联盟之后，把合纵盟约送至秦国。从此，秦国害怕，十五年不敢侵略六国。

后来秦国派人挑拨离间，六国联盟逐渐瓦解。看情况不妙，苏秦逃到了燕国。

后来，燕易王刚刚登位，齐宣王就趁燕国发丧之机，攻打燕国，一连攻克了十座城池。燕易王觉得齐国破坏盟约，便来责备苏秦。苏秦非常惭愧，说道："我愿意为大王取回失地！"

于是，苏秦来到齐国，一见到齐宣王，他就行了两次礼，并低头向他表示庆祝，随后又抬起头表示哀悼。齐宣王不明白他为什么又是庆贺又是哭丧的。苏秦说："您现在占了燕国十城的便宜，值得庆贺，但却因此得罪了秦国，您的好日子不多了。"

齐宣王还是不理解。苏秦就说："燕王娶的是秦王之女，是秦王的女婿。您知道吗？再饿的人也不会去吃乌头，因为吃了它会死得更快。您打秦王的女婿，跟吃乌头充饥有啥区别，不是坐等秦王来攻打您吗？"

您打秦王的女婿，不是坐等秦王来攻打您吗？

齐宣王

看齐宣王有些害怕，苏秦接着说："这绝不是忽悠，您把那十城还给燕国，燕、秦都会跟您友好相处。其他国家也不敢蔑视您的号令。这买卖划算！"于是齐宣王欣然答应，把十城归还给了燕国。

您把那十城还给燕国，就解决了问题。

啪！

司马迁有话说

　　苏秦兄弟三人，都通过游说诸侯获得显赫的名声，他们的本领是擅长权变。最后，苏秦因蒙受间谍的罪名而被处死，天下人都耻笑他，避免公开地学习他的策略。然而，苏秦起自民间，联合六国合纵相亲，他的智慧的确是非同寻常啊！

知识驿站

苏氏兄弟

苏秦合纵六国，从一名百姓成为身配六国相印、显赫一时的风云人物。他还有两个同族的弟弟苏代和苏厉，这两人见哥哥用分化拉拢的办法实现了自己的志向，于是也苦学纵横之术，在苏秦死后也都成为战国时期的著名谋士。

苏代用鹬（yù）蚌相争的故事劝赵惠文王

苏秦死后，苏代也前往燕国，想要用自己的才智继承兄长的事业，他说服劝谏别人的本领也十分高超。

有一次，赵国打算攻打燕国，于是苏代就为燕国去劝说赵惠文王放弃这个想法。他对赵惠文王说："大王，我这次来经过易水，看到一只河蚌正在河中晒太阳，一只鹬飞过来咬住了它的肉，河蚌也马上合上壳夹住了鹬的嘴。鹬说：'今天不下雨，明天不下雨，你就要变成肉干了！'蚌也对鹬说：'今天我不放开你，明天我不放开你，你就要饿死了！'于是鹬和蚌谁也不放开谁。一个渔翁走过来把它们都捉走了。现在赵国要攻打燕国，燕赵之间争斗不断，百姓劳民伤财，那时候我恐怕秦国就要成为不劳而获的渔翁了，望大王再考虑一下。"

赵惠文王觉得苏代说的很有道理，就取消了攻打燕国的计划。

苏厉与百发百中的故事

苏厉作为苏家谋士三兄弟中最小的一位，讲故事的水平也一点儿不差。秦国名将白起带兵要攻打魏国，苏厉求见周天子警告说，如果秦国攻下魏国，那秦国会更强大，周天子就危险了。他带来一个故事，如果周天子派人讲给白起，白起一定就会停止攻打魏国。

这个故事讲的是一个叫养由基的人和一个叫潘虎的人比射弓箭。一开始潘虎在五十步远的地方放置箭靶，每次都能射中靶心。养由基觉得难度太低了就说射百步以外的杨柳叶。养由基一箭就射中了，潘虎认为这是侥幸，养由基又连射三箭，都射中了目标的柳叶，潘虎这才认输。人人都夸养由基是百发百中。这时有一个人告诉养由基他应该注意保持自己百发百中的名声，如果有一天他射偏了一箭，那这名声就没有了。

白起听过这个故事之后想保持自己百战百胜的名声，便称病停止攻打魏国。

张仪列传

　　《张仪列传》与《苏秦列传》堪称姊妹篇。苏秦游说六国，张仪也游说六国。苏秦以燕国为主，联合六国抗秦；张仪以秦国为主，游说拆散六国联盟，让他们亲近秦国。

　　张仪和苏秦先后凭借一流的口才、非凡的智慧，游走于诸侯各国，在那个风云变幻的战国时期，堪称名震诸侯的纵横家、外交家、谋略家。诸侯王、百万大军办不到的事情，他们有时能轻而易举地搞定，面对各诸侯国的危机，他们有时会用智慧轻而易举地扭转局面。本篇传记就描绘了张仪的聪明机敏和雄心勃勃。

楚相的宝贝玉佩

年　代
▶ 战国中后期

出　身
▶ 贵族后裔

特　点
▶ 巧言善辩，善于抓住他人弱点

成　就
▶ 以连横策略成功地分化六国合纵

　　张仪，魏国人，曾与苏秦一道师从鬼谷子，学习游说之术，苏秦自认才学不如张仪。张仪家中贫寒，完成学业后，就去游说列国。

　　一天，楚国宰相大宴宾客，张仪也在旁边陪酒。散席之后，楚相发现自己的玉璧不见了！

相府的人都说："张仪又穷，品行也不端正，一定是他偷去了玉璧。"于是，大家一起把张仪绑了起来，打了一顿。但张仪始终没有承认，只好释放了他。

回家后，张仪的妻子又可怜又生气地说："唉！你要是不读书游说，怎么会遭这份罪呢！"张仪就问妻子："你看我的舌头还在吗？"他的妻子说："舌头当然在呀。"张仪说："只要舌头还在，就能出人头地。"

此时，苏秦在赵国组建起合纵联盟。盟约还没签署，苏秦生怕秦国从中破坏，于是想到张仪。于是他派人去悄悄暗示张仪说："您和苏秦是同学，感情又好，现在苏秦在赵国当权，您何不去投奔他，求得荣华富贵呢？"

张仪满怀希望地到了赵国，求见苏秦，苏秦却故意拖延不见，让他等了好几天。见面后，苏秦又十分冷淡，让他坐在大堂之下，给他奴仆吃的饭菜，还处处贬低他："凭你的才能竟让自己如此穷困，不是我不帮你，是你能力不够。"

张仪来投奔苏秦，本以为是老朋友了，能够求得好处，不料反被羞辱，很生气，决定去秦国。苏秦派门客暗中跟随张仪，和他投宿同一客栈。凡是张仪需要的东西，门客无不慷慨相送。张仪得到资助，终于被秦惠文王拜为客卿，和他商量攻打诸侯的计划。

这时，苏秦的门客前来辞行。张仪十分不舍："我依靠您的鼎力相助，才能有今天。我正要报答您呢，您为什么要走呢？"门客道出了实情："真正帮您的是苏先生。他认为除了您之外，无人能掌握秦国的大权，所以才激怒先生，又暗中派我为您提供钱财。如今您已被重用，我这就回去复命！"张仪恍然大悟："我没有苏先生高明啊！请替我感谢苏先生，他当权时，我又怎敢奢谈攻赵呢？"

后来，张仪出任秦国相邦，还写信警告楚相："当初我陪您喝酒，并未盗您玉璧，您却怂恿大家鞭打我，现在好好守住您的国家吧，我张仪要来攻城略地了！"

缩水的
土地

在战国七雄中，秦国最为强大。苏秦游说六国合纵抗秦，张仪游说六国连横事秦。

太感谢您了。

魏惠王

公元前 328 年，秦国夺取了魏国的蒲阳，张仪趁机劝说秦王把它归还了魏国。魏惠王被感动得一塌糊涂，在张仪的劝说下，把上郡、少梁献给秦国，以表谢意。秦王非常高兴，重用了张仪。

后来，秦国安插张仪去了魏国，做了魏国相邦，打算使魏国臣服于秦国，再让其他诸侯国效法。但魏襄王并不听。过了四年，张仪又劝说魏哀王，魏哀王也不听。于是，张仪暗中让秦国攻打魏国，魏国屡战屡败。

趁此机会，张仪再次游说魏哀王，他说："亲兄弟尚且会发生争夺钱财的事，各国凭借这合纵联盟的关系又能维系多久呢？况且，主张合纵的人只会唱高调蒙蔽君主。"于是，魏哀王最终背弃了合纵盟约，依靠张仪请求和秦国和解。

你别说了，我放弃合纵盟约。

魏哀王

后来，秦国想攻打齐国，碍于齐、楚两国结盟，就派张仪赴楚任相，对齐、楚加以挑拨。楚怀王听说张仪来，空出上等的宾馆，亲自到宾馆安排他住宿。楚怀王问他："先生来寡人这个偏远落后的国家，有何指教？"

张仪说："大王，您与齐国断交，我就让秦王献上六百里地和众多美女来报答您。"楚怀王非常高兴，采纳了他的意见。大臣陈轸极力劝说，楚怀王就是不听。于是，楚怀王与齐国断交废约，把相印授给张仪，还馈赠了大量财物，派一位使者随他入秦收地。

谁知到了秦国，张仪假装没拉住车上的缰绳，跌下车，一连三个月没上朝。楚怀王听说此事，以为自己做得还不到位，就派人到齐国，大骂齐宣王。齐宣王大怒，立即毁掉与楚国的盟约，楚国转身投靠了秦国。

楚、秦两国结成联盟，张仪见自己的"连横"计谋得逞，就又去上朝了，对楚国使者说："这有六里的土地，我愿献给你们大王。"使者很惊讶，明明是六百里，怎么变成了六里？于是很快回报楚怀王。楚怀王怒火填胸，不听陈轸劝告，下令发兵攻打秦国。结果大败，只得割地求和。

但秦国还想换地，楚怀王就让秦国拿张仪来换！秦惠文王想这样做，又不好说出来。没想到张仪却主动请缨去楚国。秦惠文王担心楚国会杀了张仪，张仪却说："大王放心，秦强楚弱，而我和楚国大夫靳尚关系好，他又得宠于楚王夫人郑袖。况且我是奉大王之命出使，楚王怎敢杀我？假如杀我能换得黔中，我也死而无憾啊！"

张仪一到楚国，楚怀王就把他囚禁起来，打算杀掉他。这时，靳尚对楚王夫人郑袖说："夫人您将要失宠了！秦王为救张仪，准备用美女和土地贿赂楚国。到时候，秦女一定会得宠，而夫人自然而然就会被冷落了。"

于是郑袖日夜劝说楚怀王："大王，做臣子的，都是各为其主。现在杀了张仪，秦王必定大怒，攻打我国。您要不放张仪，就让我们母子搬到偏僻的江南吧！"

最后，张仪不但被赦免，还得到了楚怀王的厚待。

游说之路

张仪在楚国时，听说主张合纵的苏秦已死，就开始以**连横之策**游说楚怀王与秦国亲善。

他说："秦楚两国接壤，理应亲近。若是两国互派质子，结为姻亲，秦王愿送上万户之邑做嫁妆。两国永结兄弟之好，不相攻伐，这是最好的了。"楚怀王想同意张仪的意见。屈原来劝楚怀王说："大王，您忘了上次他怎么用六里地骗的您吗？"楚怀王就说："我已经答应他了！"

我已经答应他了！

楚怀王

楚怀王最终按张仪的建议，和秦国亲善。张仪离开楚国回秦国时，顺路到韩国，用同样的方法，对韩王说："那些诸侯大臣不估量自己的能力，却听信主张合纵的人甜言蜜语。如果不侍奉秦国，秦国就会出动军队占据宜阳，切断韩国的土地……"韩王便听从了张仪的主意。

你不怕秦军切断韩国的土地吗？

韩王

那就听你的主意吧！

紧接着，张仪又游说了齐国、赵国、燕国，瓦解了六国联盟，成功说服诸侯与秦连横，回国复命。张仪还没回到秦国，秦惠文王就去世了，秦武王即位。

秦武王从做太子时就不喜欢张仪，等到继承王位，很多大臣都说张仪的坏话。六国听说张仪失宠，又纷纷背弃秦国，恢复合纵联盟。

张仪要越权啊。

就是，就是！

秦武王

大臣们日夜不停地诋毁张仪，而齐国又派人来责备张仪。张仪害怕被杀，就想出一计。他对秦王说："大王，齐王恨我，我到哪儿他攻打哪儿。请您把我送到魏国吧。我想办法离间魏国和齐国，您可以借此机会得利。"

不如送我到魏国去。

秦武王认为张仪说得对，准备了三十乘兵车，护送张仪去了魏国。齐湣王得知后，果然出动军队攻打魏国，魏王非常害怕。

张仪派门客冯喜以楚国使者的名义劝说齐王："大王，您恨张仪，为什么要帮他呢？他正想让齐魏交战，秦国好趁此挟持天子。如今您不是在帮他吗？"于是齐王就撤兵了。

一年后，张仪在魏国相位上安然离世。

古代的招贤纳士

中国古代的卿、爵贵族采用世袭的制度，春秋战国时期还没有实行"科考"制度，那么没有显赫出身的有才之人如何受到任用和赏识呢？下面就来介绍几种古代招贤纳士的方法。

求贤令

古代君王或权贵有时会张贴求贤令来广纳人才。商鞅就是得知秦孝公发出的求贤令才决定投奔秦国的。秦孝公在求贤令中写道，如果有人能出计使秦国强大，那就给他官位并分赏他土地。除了秦孝公，汉高祖也发布过求贤令让地方提拔人才为国效力。

筑黄金台

战国时期，燕昭王为了能吸引人才特意在易水边修建了一座高台，并在上面散发千金。这其实是求贤令的一种升级版本，意在向世人证明自己求贤若渴的迫切心情。

荐举

荐举是古代非常常见的一种纳贤方式。身为朝臣就有向国家推举人才的责任，如果身边有人才却没有得到推荐的话，身为官员也会被治罪。春秋时期的鲁庄公就是任用了施伯推荐的曹刿（guì）才能打败齐军的。

自荐

战国时期各国都出现了为了广纳贤士而兴起的"门客"文化。达官贵人通过为门客们提供食宿、俸禄来吸收人才投奔自己。但是收留

的门客众多，究竟谁是有才之人呢？为了证明自己的价值，在出现机会时有些门客就会主动向主人自荐。最有名的故事就是毛遂自荐帮平原君去楚国求兵救赵的故事了。

稷下学宫

开设学府用知识去吸引人才也是一种有效的办法。齐威王将人才视为珍宝。为了能吸引更多的人才来到齐国，他特意开设了稷下学宫这一学府。在这里，他设上大夫一职，教学的有才之人可以从国家领取俸禄。孟子就曾长期在这里宣讲他的思想。

这篇传记是屈原和贾谊两个人的合传。他们虽然身处不同的时代，但二人的遭遇有很多共同之处。

他们都才高气盛，却不受重用，虽在政治上不得志，但都在文学上成绩卓越，是拥有文学天赋的政治家。因此，司马迁把他们列于一篇列传之中。

屈原贾生列传

千古悲歌《离骚》

年代	特点
▶ 战国末期	▶ 才高气盛，忠君爱国

出身

▶ 楚国贵族

成就

▶ 创作了《离骚》等千古流传的诗篇

屈原

屈原，姓芈（mǐ），名叫平，是楚国贵族。他学识渊博，过目不忘，懂治国，懂外交，被楚怀王任作左徒，对他非常信任。

太过分了。

屈原才华横溢，让很多人嫉妒，尤其是同爵位的上官大夫。有一次，楚怀王让屈原制定国家法令，上官大夫一看，写得真好，就想占为己有。屈原不给他，他便怀恨在心，跑到怀王面前抹黑屈原，说："屈原自吹自擂，说制定法令全是他的功劳，却只字不提大王您。"楚怀王听了这话，非常生气，又因二人政见不合，他逐渐疏远了屈原。

楚怀王听信小人之言，致使正直的人不被朝廷所容，屈原为此万分痛心，在忧愁苦闷之下，他写成了流芳百世的诗歌《离骚》。

屈原之死

屈原被流放后，楚怀王上了张仪的当，后又屡次战败，国力衰弱。后来新即位的秦昭王与楚国联姻，邀请楚怀王去秦国和他会谈。

楚怀王想去，屈原赶紧跑去劝他说："秦国是虎狼一样残暴的国家，不可轻信，不能去。"这时，楚怀王的小儿子子兰怂恿怀王，他说："怎么能拒绝秦国的友好邀请呢？"于是怀王便出发了。

结果，楚怀王一去，就被扣在秦国。三年后，死在了那里……楚怀王死后，大儿子熊横继位成为楚顷襄王，小儿子子兰做了令尹。

但楚国人却对子兰不满，因为当初是他劝楚怀王到秦国去，导致楚怀王没能活着回来。屈原也对子兰等人非常痛恨。令尹子兰听说后，恼羞成怒，便和上官大夫一起，到新君那里说屈原的坏话。楚顷襄王一生气，把屈原贬到了更远的地方了。

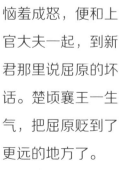

万念俱灰的屈原，觉得楚国没救了，自己的人生也没希望了，披头散发地走到**汨罗江**边，边走边吟唱。他脸色憔悴，体型干瘦。

一个渔翁见到他这种情景，就问他："您不是屈原大夫吗？怎么到这里来了？"屈原说："**世人皆浊我独清，世人皆醉我独醒**！所以我才被放逐了。"渔翁接着问："我听说圣人都会变通。您为什么不随波逐流呢？"

世人皆浊我独清，世人皆醉我独醒！

大人，这是怎么了？

面对他人的劝解，屈原仍坚持自己的信念，他说："我宁愿跳入江水、葬身鱼腹，也不愿清白品德蒙受污染！"于是他便写了一篇《**怀沙赋**》。他感慨，这世间为什么黑白颠倒，奸臣当道，楚怀王和楚顷襄王为什么不能分辨是非，而只听信小人谗言！随后，屈原抱着石头，跳进了汨罗江。

从此以后，楚国一天比一天衰弱，几十年后被秦国灭掉了。

我宁愿葬身鱼腹，也不愿清白品德受污！

怀才不遇
的贾谊

年代
▶ 西汉初期

籍贯
▶ 河南洛阳

特点
▶ 才华横溢，抗压能力较低

结局
▶ 郁郁而终

贾

谊

贾谊，洛阳人，从小才气过人，名冠河南，十八岁被召到政府里任职，深受河南郡守吴公的器重，大家都尊称他为**"贾生"**。

吴公全国政绩第一，被汉文帝调到中央任廷尉，他顺势推荐了贾谊。**二十多岁的贾谊**一下子平步青云，**进京做了博士**，还是最年轻的那一个。每次对答汉文帝时，他都力压众老者，大家都认为贾谊才能杰出，无与伦比。

道可道，非常道……

汉文帝

没多久，**汉文帝就把贾谊破格提升做了太中大夫**，这更不得了了。贾谊这颗冉冉升起的人气之星，在当时那叫璀璨夺目。

正当汉文帝要接着提拔贾谊做公卿时，一群早就看他不顺眼的老臣跳出来，坚决反对，都说："这小子，年纪轻，学识浅，还想独揽大权！"此后，汉文帝就渐渐地疏远了贾谊，并派他去地方做了长沙王太傅。

贾谊的心碎了一地，上任途径湘江时，感慨万千，觉得自己和屈原同病相怜，便写了**《吊屈原赋》投入江中，祭吊屈原**。四年后，贾谊被召回京，做了梁怀王（汉文帝小儿子）的太傅（国君的老师）。他多次上疏，请求削弱诸侯势力，汉文帝没有听从。

没几年，梁怀王骑马摔死了。贾谊深感自责，认为自己没做好梁怀王的老师，哭了一年多后郁郁而终，年仅三十三岁。

　　我读屈原的诗篇，深受感染，悲伤不已。我到长沙时，特意去看了屈原沉江自杀的地方，想到他的为人，不禁掉下眼泪。后来读了贾谊的《吊屈原赋》，又责怪屈原不该把自己弄到这个地步，若他以自己超人的才华游说诸侯的话，哪个国家不能容纳他呢？

　　我也读过贾谊的《鵩（fú）鸟赋》，他把生死等量齐观，把官场上的去留升降看得很轻，这不禁让我很感慨。

孟尝君列传

战国末期，有四位杰出的贵族公子，分别是齐国孟尝君、赵国平原君、魏国信陵君、楚国春申君，世称"战国四公子"。

他们都竭力网罗人才，对抗强秦。本篇就是孟尝君田文的传记。论智慧，孟尝君比不上张仪、苏秦，但他却善于招贤纳士，借用他人的智慧和才能使自己的实力不断强大起来。

孟尝君与门客

年代	特点
▶ 战国后期	▶ 好客、豪爽、平易近人

出身

▶ 宗室之家

结局

▶ 保持中立，死于封地

孟尝君

孟尝君叫田文，他的父亲田婴是齐威王的小儿子。田婴曾作为副将，与孙膑、田忌等一起在**马陵之战中打败了魏国，封地在薛**。

田文是小妾所生，生于五月五日，当时差点儿被扔掉。母亲爱子心切，就偷偷把田文留了下来，暗中养大。长大后，田文跟着弟兄们来见父亲。田婴一见，生气地质问田文母亲："五月五出生的孩子，长到门框高，就会克父母。我不是让你把孩子丢掉吗？"

他怎么还在这个家？

拜见父亲！

田婴

人的命运怎么是门框给的呢？

算啦，你不用说了！

这时田文过去替他的母亲回答说："人的命运是上天给的，还是门框给的？如果是上天给的，父亲何必忧虑；如果是门框给的，那把门框加高就是了。"田婴气急败坏地说："算啦，你不用说了！"

过了很长时间，田文找了个机会问他的父亲，从儿子的儿子是什么，问到玄孙的孙子是什么，直到田婴答不上来。田文才说："您亲任齐相，执掌大权，已历三代君王，而齐国的土地不见增广，而您自家里财富却积累万金，门下却没有一个贤者。现在齐国日渐衰落，您还积攒家业，是想留给那些连名字都叫不上来的后代吗？"

父亲门下没有一个贤者，可不行啊。

田文的一番话让田婴对他刮目相看。从此，田婴非常器重田文，开始让他主持家政。田婴死后，**田文凭实力继承了父亲的爵位和封地，人称"孟尝君"。**

孟尝君性格豪爽，他广散家产，招揽门客。只要门客有一技之长，不分贵贱，孟尝君都会平等相待。以至于什么逃难的、躲债的、越狱的人都往他这儿跑。一时间，**天下贤士，无不倾心向往。**

孟尝君招揽门客尽心尽力。他接待门客时，总会在屏风后安排一个人来做记录。门客刚走，还没到家，孟尝君送的礼物就到了。门客常常被感动得一塌糊涂。还有谁能比孟尝君更值得效忠呢？

这是谁送的？

是孟尝君。

孟尝君为了礼贤下士，总是和门客吃同样的饭菜。有一次，孟尝君陪门客吃晚饭，有人挡住了灯光，有一位客人就生气了，怀疑他们和孟尝君吃得不一样。于是不吃了，放下碗就要走。孟尝君立刻站起来，端着自己手里的饭碗去和他比，这位客人看了之后觉得惭愧，只好以死谢罪。从此来投孟尝君的士人就更多了。

鸡鸣
狗盗

有一次孟尝君出使秦国，秦昭襄王便让他做了秦国的宰相。

但是，有人背后说孟尝君坏话，他们和秦昭襄王说："大王，孟尝君是齐国王族，心肯定向着齐国，不能任相啊！放他走就是祸患，不如先把他关起来，之后找理由……"

关起来，随后处置。

秦昭襄王

孟尝君是齐国王族，不能任相啊！

于是，孟尝君不但被免职，还遭到囚禁，随时可能被杀掉。所以，孟尝君派人去找秦王最喜爱的宠妾求救。可这个宠妾想要孟尝君那件白狐裘。孟尝君想了想，说："我的确有件白狐大衣，价值千金，普天下找不出第二件。可是那件大衣已经送给秦王了啊！这可怎么办？"

那件大衣已经送给秦王了。

大家你看我，我看你，一时都没了办法。这时，座位排最末的一个偷盗高手默默举起手来，说："我能拿到白狐裘。"这个偷盗高手，当夜伪装成狗，一头钻入了秦宫仓库。偷回了孟尝君的那件皮大衣，让孟尝君又把它送给了秦昭王的宠姬。

这样，宠姬在秦昭王面前替孟尝君一说好话，秦昭王就把孟尝君释放了。孟尝君担心秦王变卦，连夜换装逃了。

夜半时分，孟尝君一行人来到函谷关。按照秦国规定，鸡叫才能开城门放行。

这时，有一个门客说："您别急，我会鸡叫。"门客当下叫了几声。结果，附近的鸡此起彼伏地跟着叫了起来。士兵听到鸡叫，便打开城门。孟尝君立即逃出关去。

我会鸡叫。

秦王果然反悔了，立马派兵去追，追兵到函谷关只比孟尝君晚了一顿饭的工夫。平时，其他门客都瞧不起这两个鸡鸣狗盗之徒，而孟尝君多亏这二人才得以逃脱，从此，众人无不佩服孟尝君的用人之道。

高明的
说客

孟尝君在齐国做了宰相，掌了国政。随着齐国强盛，孟尝君的名声也越来越大，好多人都赶着来投奔他。

先生，有何指教？

冯谖

一日，冯谖（xuān）脚踏草鞋来找孟尝君。孟尝君恭敬地问他："先生远道而来，有何指教？"冯谖回答："听说你招纳贤士，就来投奔你了。"孟尝君没说什么，就安排他住进了下等客馆。

十天后，孟尝君问客馆的总管："那个冯谖近来在做什么？"总管说："冯先生太穷了，只有一把剑，剑把还缠着草绳。他每天弹着剑唱歌发牢骚：'长剑啊长剑，咱们回去吧！没有鱼吃啊……'"孟尝君就让冯谖搬到了中等大房，饭里加了鱼。

长剑啊长剑，没有鱼吃啊……

五天后，孟尝君又问总管冯谖的情况，总管说："他还在唱：'长剑啊长剑，咱们回去吧！出门没有车坐……'"孟尝君又让冯谖搬到上等客房，享受上等门客待遇，吃饭有鱼，出门有车。

又过了五天，孟尝君又问总管，总管说："他居然还在唱：'长剑啊长剑，咱们回去吧！没钱养家……'"孟尝君听了心里不大高兴。

过了整整一年，冯谖没再弹他那把破剑了。但是，冯谖能感觉到，饭菜的水准在一天天下降，这是怎么回事呢？原来，孟尝君有门客三千，封邑的税收养不起这么多人。他就派人放贷给薛邑的百姓，想赚点儿利息。没想到，年头不好，田里没什么收成，利息收不上来。孟尝君为此发愁，他问身边的人："门客中，谁能去收债？"

这时，客馆总管说："上宾中的冯谖，长相精明，年龄也大，他去收债应该没问题。"等把冯谖叫来，一和他说收债的事情，没想到他爽快地答应了。

你可愿去收债？

我愿意去收债。

冯谖驾着车，带着借据，弹着剑，唱着歌，沐浴着暖阳，赶到薛地。没想到钱还真难要，费了好大劲，才要到十万钱。冯谖拿这些钱，酿了很多美酒，又买了肥牛，让借钱的百姓带着借据来赴宴。

宴会上，大家喝得正高兴时，冯谖拿出了借据，一一核对。对大家说："各位，能还上债务的，就再给你们一个期限。还不上的，我代表孟尝君烧掉借据，债务全免了。有孟尝君这么好的主子，大家忍心背叛他吗？"百姓们非常高兴，纷纷叩头致谢。

孟尝君听说冯谖烧毁借据，大发雷霆，派人把他召了回来。冯谖一到，孟尝君就说："我叫你收债，你烧了借据，还请他们吃饭，为什么呀？"冯谖说："富的，已经定期还债。穷的，逼他们也没用。还不如宽容以待，让百姓感激您呢。"孟尝君一听，拍手称绝，对冯谖赞赏有加。

从此，孟尝君深受薛邑百姓爱戴，门客们也改变了对冯谖的看法，对他尊敬有加。

我们的大恩人啊！

可是后来，秦、楚联合造谣，说孟尝君的名望高过了齐王，而且还想独揽齐国大权。齐王听信了谣言，罢免了孟尝君。那些门客们见孟尝君失势，纷纷离去，各奔前程，只有冯谖还跟着他。

都离开我了，哎！

拜拜！

这时，冯谖对孟尝君说："给我一辆车，我有办法让您复位，且封地比以前更大。"孟尝君一听，立即给他套好了车子。冯谖来到秦国，对秦王说："您赶紧把孟尝君接来吧，这样齐国的秘密全都是您的了！"秦王听了非常高兴，立马派了十辆车装着黄金百镒，去迎接孟尝君。

孟尝君若来秦国，齐国的内部机密不就……

先生说的有道理！

冯谖又飞奔回齐国，把说服秦王的话，又跟齐王说了一遍："孟尝君要是去了秦国，我国可就危险了。请您一定要重用孟尝君！"齐王听后，顿时慌了手脚，派人去边境查看，果然发现了秦国使者的车队。齐王便连忙派人把孟尝君从薛地接回来，恢复了他的相位，增加了一千户的封邑。秦国使者听说后，只能掉转车头，回去了。

孟尝君若去秦国，齐国的内部机密不就……

先生说的有道理！

齐王

孟尝君被罢免时，他的门客们都远走高飞了。当他官复原职后，只有冯谖一个人去接他。当他们驾车快要进城的时候，孟尝君就发起了牢骚："我被罢官时，他们一个比一个溜得快！如今，我靠先生官复原职，这帮没良心

被罢官时，一个比一个溜得快！

先生，莫生气！

的门客，他们还有什么脸来见我？谁来，我就往他脸上吐口水，狠狠地羞辱他！"

听到这里，冯谖赶紧收住缰绳，对孟尝君说："公子大可不必这样，万物有终结，世事有常理。世界上万物最终都会死去，这是生命的规律；人们都喜欢结交富贵的朋友，厌弃贫贱，这是常理。世事本来就是如此啊。希望您还像过去一样热情接待他们。"孟尝君很感谢地说："说得好，我一定照办！"

于是，在许多门客的帮助下，孟尝君又做了多年齐相。

不能因此怨恨门客，而断绝了招揽门客的门路。

司马迁有话说

　　我曾经过薛地，那里民风凶暴，与邹鲁迥（jiǒng）异。我问原因，人们说："孟尝君曾招来许多负气仗义的人，仅乱法犯禁者就有六万多家。"世间传说孟尝君以乐于养士而沾沾自喜，的确如此！

乐毅列传

本篇主要记述了战国时期著名的军事家乐毅的事迹。乐毅是魏国将军乐羊的后裔，辅佐燕昭王，振兴燕国，大败齐国，取得了以弱胜强的辉煌战绩，被拜为上将军，受封昌国君。但这位战功赫赫的将军，最后却因为新君的不信任，被迫逃往赵国。

乐毅破齐
威名传天下

年 代
▶ 战国后期

特 点
▶ 年少聪颖，喜好兵法

成 就
▶ 统燕攻齐，连克七十余城

乐毅

乐毅的先祖叫乐羊， 曾在魏文侯的手下担任将领，受封灵寿。

燕王哙时，燕国内乱，齐国趁火打劫，占了燕国不少地盘。燕昭王即位后决心招贤纳士，报仇雪恨。乐毅正是此时投奔了燕国，被热情接待，封为亚卿。

终于来了位贤士，寡人封你为亚卿。

燕昭王

当时齐国势力强大，齐湣王骄傲自大，四处攻打，引来了百姓的怨恨、诸侯的不满。燕昭王认为报仇时机已经成熟，询问乐毅意见。乐毅说："齐国地广人多，要打它，需联合其他诸侯国一起。"

公元前 284 年，燕昭王动员了全国的兵力，联合了赵、秦、韩、魏四国，组团去进攻齐国。乐毅为上将军，指挥着联军，把不可一世的齐军打得大败。之后，其他诸侯国军队就先后撤回本国，只有燕军在乐毅指挥下，乘胜追击，一直打到齐国都城临淄。

于是，齐湣王弃临淄，逃到莒城，据城固守。乐毅拿下了临淄后，把齐国都城的珍宝大车小车地都运回了燕国。燕昭王非常高兴，亲自到济水犒赏士兵，封乐毅为昌国君，让乐毅继续带兵，进攻还没拿下来的齐国城池。

此后，乐毅留在齐国继续作战，攻下齐国城池七十多座，将它们都划为郡县，归属燕国。最后，齐国只剩下莒城和即墨两座城。

后来，燕昭王死了，他的儿子燕惠王继位。燕惠王中了齐国人的反间计，免去了乐毅的职位，派骑劫代替乐毅。乐毅逃到赵国，赵国非常尊敬乐毅，封他为望诸君。

齐国的田单后来在与骑劫的交战中，使用计谋迷惑骑劫，结果在即墨把燕军打得大败。接着又辗转追击，收复了齐国的领土，最后又把齐湣王之子齐襄王从莒县迎回了临淄。而燕惠王得到战败的消息后，非常后悔。他又担心赵国乘着燕国兵败疲困之际，派乐毅带兵打过来。

出于各方面考虑，燕惠王派人对乐毅说："将军替先王报了深仇大恨，天下人都为此震动，我岂敢忘记将军的功劳啊！我初即位，被左右臣子蒙蔽，所以我派骑劫代替了将军。而且因为将军长年在外，风餐露宿，想召将军回来休息一下。不想将军误会了我，抛弃了燕国，转而投靠赵国。将军可以为自己打算，可是这样怎么对得住先王的一片真心呢？"

乐毅当即给燕惠王回了信。信中写道："臣下不才，我之所以抗命，是怕回去有损先王英明，也怕让您落下一个杀害功臣的罪名。先王是有大志向的君主，所以我义无反顾地来投靠燕国，并受到了先王的重用。如今我背负着无法说清的大罪，再助赵攻燕，以谋取私利，是不行的。我怕您听信左右的谗言，所以斗胆写了这封信，以表明我的心意。"

之后，两人冰释前嫌，乐毅做了燕、赵两国的大臣，最后死在了赵国。

田单列传

　　本篇主要记述了战国时期著名的军事家田单的事迹。田单是齐国王族远亲，在齐国危亡时刻，挺身而出，力挽狂澜，出奇制胜。他率领即墨军民击败燕军，收复了齐国全部疆土。

田单复国
大摆火牛阵

年　代

▶ 战国后期

特　点

▶ 计谋百出，喜好兵法

结　局

▶ 火牛阵破燕军，收复七十余城

田单，齐国人，本是齐国都城管理市场的小官，并不被人所知。就在燕军长驱直入之时，田单逃离国都，躲到了安平。

在安平，田单让族人把车轴末端锯短，再在外面包上铁箍。不久，燕军攻破安平城，城里人争路逃亡，由于车轴过长，撞得马车轴断车坏，被燕军俘虏者不计其数。唯有田单一族因截短车轴，包上铁箍，得以逃脱，向东退守到即墨。

幸亏做了改装。

后来，燕军攻破了齐国大小七十余座城池，只剩莒城和即墨两座城未被攻下。燕军听说齐湣王在莒城，就调集军队，全力攻打。结果好几年都没能攻破，迫不得已，转攻即墨。即墨的守将出城与燕军交战，战败被杀。即墨百姓就推举田单做了将军，抗击燕军。

这时燕惠王继位。田单听说燕惠王与乐毅不和，就派人到燕国去实施反间计。他们散布谣言说："听说，乐毅攻下即墨和莒城易如反掌，但他迟迟不肯出兵……大家都说他是想留在齐国当王。换个将军，即墨早就攻下来了。"燕王听着有道理，于是就派骑劫去代替乐毅。乐毅被免职后，逃到了赵国，燕国军民为乐毅被撤都感到非常气愤。

田单又命城中军民在吃饭之前，祭祀祖先，使得众多的飞鸟争食供品，在城上盘旋飞舞。城外的燕军看了，都感到很奇怪。这时，田单对城中军民说："很快将有神人下界来帮我们。"借此打击了燕军的士气。

田单每次发号施令，都称是神仙的意思，还派人放出谣言："齐军最怕把他们的俘虏割掉鼻子，放在队伍前面攻城了。"燕军信以为真，果真这么干了。然而，燕军并未得到他们想要的结果，反倒激起了齐军的斗志！

之后，田单又放出谣言，说齐国人最怕被人刨祖坟。燕军听说之后，又去城外把齐国人的祖坟全部挖开，并焚烧尸骨。即墨人从城上看到此情此景，痛哭流涕，愤怒的情绪高涨了十倍。

田单知道齐军士气已经高涨，认为决战的时机已到。他亲自拿着锹铲，与士兵们一起修筑工事，还把自己的妻子、姬妾都编在队伍之中，把家里全部的食物拿出来犒劳士卒。为了麻痹燕军，田单又命令精锐部队埋伏不出，而让老弱和妇女上城防守。

然后，田单又派人去燕军大营请降，燕军见此情景，都欢呼万岁。田单还把百姓们手里的黄金收集起来，筹得一千镒，派城中有名望的富豪贿赂燕军将领，并假意说："即墨就要投降了，希望你们进城后，放我妻小一马。"燕军因此更加松懈。

决战的日子终于到了！田单从城里收集了一千多头牛，给它们披上大红绸子，绸子上面画着五颜六色的蛟龙图案，给牛角绑上锋利的尖刀。把芦苇浸上油脂，绑在牛尾上，点着火，然后命令士兵："在城墙上凿开了几十个大洞，趁夜把牛从洞中赶出去！"

尾巴被烧痛的牛狂怒地奔向燕军。事发突然，燕军大惊。牛尾巴上的火将夜空照得通明如昼，火牛所过之处，碰到它们的非死即伤。田单派五千壮士，紧随牛后，悄无声息地杀向燕军。

城里的百姓趁机擂鼓呐喊助威，甚至老头、小孩都手持铜器敲击，响声惊天动地。燕军被吓破了胆，主将骑劫被杀，士兵纷纷溃散逃命。齐军乘胜追击，所经过的城池又都被收归齐国。田单的兵力也越来越强，最终将燕军赶出了齐国，收复了所有失地。齐湣王之子被接回都城临淄，即位为齐襄王。

田将军复国有功，封为安平君。

复国有功，
封安平君！

　　用兵作战，一边和敌人正面交锋，一边用奇兵突袭制胜，善用兵者，奇兵迭出而变化无穷。用兵之初要像未出嫁的女子那样沉静柔弱，诱使敌人让他们毫无戒备；时机到来，就像逃脱的兔子一般快捷，使敌人来不及防御。田单用兵，正是如此吧！

本篇列传是鲁仲连和邹阳的合传。战国时期，鲁仲连辩论技巧高超，经常凭一张嘴为人打抱不平。西汉时期，邹阳的文章感人至深，常常上书君主指出他们执政的错误。

虽然两人生活的时代相差了百年，但因为他们都勇于向当权者讲出自己的政治主张，坚定自己所信仰的理想，司马迁便将他们的故事一起写在这篇列传里。

鲁仲连邹阳列传

鲁仲连一言救赵

年　代

> 战国末期

特　点

> 辩才无碍，崇尚气节

成　就

> 义不帝秦，说服赵、魏联抗强秦，以书退燕军

仲连鲁

　　鲁仲连，战国时期齐国人，生性耿直，长于辩论，谋略过人，不肯当官，**周游列国宣扬和平**。

　　长平之战结束后，秦国围困赵国都城邯郸。赵孝成王和平原君都一筹莫展。魏王派兵援救赵国，但因惧怕秦国，不敢前进。

哎哟，这可怎么办呢？

我也没有好办法啊。

平原君

赵孝成王

鲁仲连周游天下，正巧路过赵国，就来拜访平原君。他问平原君打算怎么做，平原君说："赵国刚损失四十多万人，秦兵又围困邯郸，魏王派新垣衍施压，劝说我们尊秦为帝，我也不知道该怎么办。"

鲁仲连说："我一直以为您是贤明的公子，原来您名不副实。新垣衍在哪里？我跟他谈谈！"于是鲁仲连和新垣衍两人相见。

鲁仲连说："现在秦魏两国都是万乘之国，都有称王的名义。就因为秦国打了一个胜仗，就想尊秦为帝，那魏国岂不是还不如婢仆吗？即便尊秦为帝了，秦国必将改换各诸侯国的执政大臣。他们还将把大量秦女派给各国诸侯做妃嫔。这样，你们的魏王还能生活得那么悠闲自在吗？您还能保持恩宠吗？"

新垣衍一听，赶紧站起来道歉："先生不愧是高人啊！我这就回魏国，说服大王救赵。"欺软怕硬的秦军听说后，吓得撤军五十里，后来便撤回秦国去了。

随后，平原君感激涕零，要封赏鲁仲连。鲁仲连再三推辞，最终也不肯接受："**天下名士之所以可贵，是因为他能为别人排忧解难而分文不取**，如果要钱那就是生意人了，我鲁仲连决不会做的！"说完，辞别平原君，从此再也没有露过面。

司马迁有话说

还有一位楚灵王，他会合诸侯，要索取周王室九鼎的时候，志向高远，把天下都看得很小；等到后来失去民心饿死时，却被天下人所耻笑。人们对权势，能不谨慎吗？

邹阳
狱中上书

年　代
> 西汉初期

特　点
> 文采飞扬，智谋深邃

成　就
> 上书自明，以文辞感
> 动梁孝王，获释并受
> 重用

邹阳

以后跟着我
做事吧。

梁孝王

邹阳，西汉景帝时期齐国人，著名文学家、辩士。他上书梁孝王，得到赏识而当了官，却被当朝红人羊胜、公孙诡等人嫉妒，以至于被梁孝王误会而被关进大牢。

　　邹阳因为谗言被捕，生死存亡之际，害怕死后还要背负坏名声，他没有选择沉默，而是洋洋洒洒地写了一篇激情洋溢、言辞恳切的书信。信中是这样说的：

古往今来，忠臣遭谗被误解。现在我竭尽忠诚，希望主公能了解我，而您左右的人不明白，最终还是把我交给了狱吏审讯，被世人怀疑我真是犯了罪，这是使荆轲、卫先生复现，而燕、秦仍不觉悟啊。希望大王仔细考察。

大家都认为只要对人忠心、守信用，就一定能得到好的回报，不会被人误会，但我现在身处困境，这话似乎不太站得住脚。我也像荆轲、卫先生那样，因为忠心而陷入危难。

古代忠臣伍子胥、箕子虽然忠诚却被误解和冤枉，我现在和他们是一样的啊。我听说，一个好的君主会听不同意见，不只听一面之词，能做出正确的判断，保护好那些真正对国家有用的人，远离那些说谎的小人。

俗话说："有些人认识了很久却依然不了解对方，而有些人一见面就像老朋友一样投缘。"真正的朋友和忠臣是需要时间来证明的。我希望您能明白我的心，原谅我，给我一个机会，让我能够继续为国家效力。

后来，梁孝王看了信后很感动，不但释放了邹阳，还把他待为上宾。

司马迁有话说

邹阳的言词不够谦逊，可他将类似的事物罗列排比，确实很能打动人心，而且他也算是坦率耿直、不屈不挠了。所以，我把他附在这篇列传里。

范雎蔡泽列传

这篇是战国后期秦国的两位相邦范雎和蔡泽的合传。范雎和蔡泽同是布衣出身，在任秦相之前都曾走过一段坎坷的道路。

范雎推倒了王亲魏冉，当上了宰相，蔡泽又取代了范雎，夺得高位。他们能凭着能言善辩和足智多谋，成为一代名相，这正是春秋战国时期独有的风景。他们是商鞅变法之后，秦始皇统一六国之前的秦国名相。

年 代

▶ 战国后期

特 点

▶ 足智多谋，恩怨分明

结 局

▶ 功成身退

范睢

范睢，魏国人，字叔。他足智多谋，能言善辩，曾周游列国。

有一次，范睢随魏国的中大夫须贾一起出使齐国。齐襄王觉得范睢是个人才，就专门派人给范睢送去了十斤黄金，以及牛肉、美酒之类的礼物。范睢一再推辞，没有接受。须贾便认为他出卖了魏国机密。

齐王派我来
送礼……

无功不受禄，
我不能收。

回到魏国后，须贾就把这件事报告了魏相魏齐。魏齐大怒，命人把范雎抓起来，严刑拷打。范雎几乎要被活活打死了！他恐性命难保，就屏住呼吸，直挺挺地装死。

好汉不吃眼前亏，只好装死保命了……

魏齐觉得死了正好，命人用草席卷了，丢进厕所。又让那些喝醉的客人，轮番往范雎身上撒尿，故意污辱他，借此惩一儆百。等宾客都走后，范雎向身边的看守求救："如果您能把我救出去，日后我一定重谢您。"看守向魏齐请示后，假装把席子里的死人扔掉了。于是，范雎逃过一劫后，化名张禄。魏人郑安平把他推荐给秦国使者王稽。

大人，我是张禄。

王稽

我知道你。

当时，秦昭襄王已在位三十六年，对外功绩显赫，但内政却被母亲宣太后、舅舅穰侯魏冉等权贵控制。范雎借机上书秦昭襄王，他说："臣听说圣明的天子，不会让手下任何一个诸侯太强大，否则天子的权力就会受到威胁……"秦昭襄王看了非常高兴，马上派人把范雎请进宫内。

圣明的天子，不会让手下任何一个诸侯太强大……

说的太对了，说的正是我的心病啊。

范雎到了宫中，假装不知道路，往内宫里闯。宦官生气地说："什么人敢擅闯王宫？大王来了，赶紧走！"范雎故意乱说道："秦国哪里有王？只有太后和穰侯罢了！"秦昭襄王果然听到了，急忙上前去迎接范雎，说："您就是张禄先生吧，寡人早该向您好好请教了！"

您就是张禄先生吧？寡人要好好向您请教。

秦昭襄王屏退左右，与范雎单独对谈。他长跪请求说："先生要怎样教导寡人？"秦昭襄王连问三次，范雎都只支支吾吾。最后范雎才说："我要谈的事会危及大王的骨肉亲情。若是您因此降罪于我，以后怕是没人敢向大王进言了。"秦昭襄王让范雎但说无妨。

但说无妨。

我要谈的事会危及大王的骨肉亲情。

范雎说："您舅舅穰侯越过韩、魏两国攻齐，此事不妥。出兵少了打不过；出兵多了又影响秦国的国力。以前齐湣王曾南攻楚国，虽夺地千里，却无寸土并入齐之版图。齐湣王难道不想要那些土地吗？只是齐楚相距太远，根本守不住。所以，大王不如交好远方的齐、楚、赵等国，先攻取邻近的魏、韩。这样，攻下一寸地，大王就能得到一寸地；攻下一尺地，大王就能得到一尺地……"

你说的甚是，我听你的计划安排。

大王不如交好远方的齐、楚、赵等国，先攻取邻近的魏、韩。

这一番话，简直说到了秦昭襄王心坎里。秦昭襄王便拜范雎为客卿，中止伐齐计划，先收服魏、韩。远交近攻的战略取得了成功，秦昭襄王对他言听计从。

好主意，和我想的一模一样啊。

几年后的一天，范雎再次劝说秦昭襄王。他说："独掌国家生杀大权的才是王。现在太后、穰侯随心所欲，毫无顾忌。您再不采取措施，恐怕您的子孙就当不成秦国的王了！"

于是，秦昭襄王废除了太后的权力，把穰侯魏冉等人都驱逐出国都，又任范雎为相国，将应地封给他，从此范雎就被称为应侯。

蔡泽巧言代范雎

年　代
➤ 战国后期

特　点
➤ 善辩多智

成　就
➤ 献计攻灭周王室

蔡
泽

蔡泽相貌丑陋，曾经周游列国求官，却都得不到重用……因为他长得太丑了。

他找唐举看相，唐举仔细端详他，说："据说圣人相貌不能以美丑而论，看您这朝天鼻、端肩膀、凸额头、塌鼻梁、罗圈腿，实在非同常人啊。"蔡泽知道唐举在开他的玩笑，就说："我知道自己不是一般人，我想知道我能活多少年？"唐举说："大概四十三年吧。"蔡泽笑着谢了就走了。

我想知道我能活多少年？

大概四十三年吧。

唐举

备受尊重，四十三年足以。

之后，他对车夫说："驾着轻车肥马，身佩黄金官印，在主人面前高谈阔论，备受尊重，四十三年足够了。"他听说应侯范雎任用的郑安平、王稽都犯了重罪，应侯内心很惭愧，于是就去了秦国。

蔡泽见秦王前，派人放出话来惹怒范雎，说会取代他的位置。范雎便派人把他找来，对他说："听说你扬言要取代我为相。你有何本事，竟敢口出狂言？"

听说你要取代我为相。

不错！

蔡泽说："您看问题怎能如此迟钝呢？新老交替、功成身退本来就是自然规律。再说保全身家性命、安然终老，难道不是每个士人本来的愿望？像商鞅、吴起、文种等人，辅佐君主成就霸业，自己却落得悲惨的下场，您可愿意像他们那样？"

您看问题怎能如此迟钝呢……

是这个道理。

范雎觉得很有道理，蔡泽接着说："您的功业不如商鞅等人，而秦王在亲信忠臣、不忘老臣方面，也不如他们三人的君主，但您官职之高、私家之富却远超他们。我想，您将来的祸患大概比他们还大！盛极则衰，乃天地间的常规；按时势变化进退，乃圣人恪守的常理。您的功业已登峰造极，再不退隐，结局可想而知。"

于是，范雎待蔡泽为上宾，几天后又将他推荐给秦昭襄王。秦昭襄王与蔡泽相谈甚欢，授予他客卿的职位。范雎趁机推托有病，请求送回相印，于是秦昭襄王就任命蔡泽为相。

几个月后，有人中伤蔡泽，蔡泽害怕被杀，就辞去了相位。不过，他在秦国住了十几年，从秦昭襄王一直侍奉到秦始皇。

　　韩非子说"长袖者善于舞蹈，钱多者善于做生意"，这话很对。范雎、蔡泽都能言善辩，然而也曾长期不受重用。这不是因为他们才能低下，而是客观条件还不够。等到二人入秦，便先后高居相位，功成名就。世上像范雎、蔡泽一样贤能却因没有机遇、不能施展抱负的人，哪能数得尽呢？不过，他们二人若不遭到困厄境遇，也难以奋发有为。

白起王翦列传

　　战国后期，秦国有两大名将——白起和王翦，这篇就是他们的合传。两人都立下了赫赫战功，为秦国的统一大业打下了基础。

　　他们因足智多谋、英勇善战，而与廉颇、李牧并称"战国四大名将"，名留青史。

功过参半的白起

年 代	**国 别**
▶ 战国后期	▶ 秦国

白起

特 点

▶ 极善用兵，杀伐残酷，不善谋身

结 局

▶ 被迫自杀

白起，又名公孙起，郿县人，是**战国后期秦国名将**。他善于用兵，由于战绩辉煌，一路高升，被封为武安君。但他为人残暴，曾斩杀韩、赵、魏三国士兵达数十万。

公元前 260 年，秦、赵长平之战爆发。秦将白起派出两支奇兵部队，一只两万五千人的部队切断了赵军退路；另一支则攻入赵军营垒，把赵军分割成两部分。后来，赵军主将战死，粮道也被切断了。

赵军大败，四十万人只好投降。白起考虑道："赵军反复无常，如果不全杀了，恐怕会作乱。"于是，白起用欺骗的伎俩，把赵军士兵都给活埋了，只放了二百四十个年龄小的士兵回赵国。他前后共杀了四十五万赵军！赵国上下为之震惊。

如果不全杀了，恐怕会作乱。

次年，秦军继续攻打韩、赵。两国恐慌，连忙派苏代用重金贿赂秦相范雎，并对他说："赵国一亡，秦王就称霸天下了，而白起功劳最大，地位就要超过您了。不如与韩、赵两国议和，功劳就不是他的了。"

不能让白起再立功了，不如与韩、赵两国议和。

有道理！

苏代

范雎害怕，就劝秦王说："大王，我国士兵太劳累了，请您允许韩、赵两国割地求和，让士兵们休整一下。"秦王同意了。白起听闻此事大为恼怒，从此与范雎结了仇怨。

大王，让士兵们休整一下。

好！

　　后来，秦军再次围攻赵都邯郸，战事不利。于是，秦昭襄王就想让大病初愈的白起上阵。白起推辞说："长平一战，我国损失惨重，国内空虚。现在打邯郸，万一受到别国军队内外夹击，我军必败。"

　　秦昭襄王又派范雎前去劝说，白起始终推辞不肯赴任，声称自己又病了。秦昭襄王只好改派其他大将。结果围攻邯郸数月仍没攻下，还被楚、魏两国的救兵打了个落花流水，损失惨重。白起私下对人说："国君不听我的意见，现在怎么样？损兵折将了吧！"

国君不听我的意见，现在怎么样？

秦昭襄王得知后，大怒，强令白起出兵。白起依旧称病，坚持不去。秦昭襄王便下令："白起既然不愿出征，就免了他的官职和爵位，赶出咸阳！"

免了他的官职和爵位，赶出咸阳！

三个月后，秦军节节败退，每天都有不利的战报传来。秦昭襄王和大臣商量说："白起迁出咸阳，满脸的不服气，不停发牢骚。"于是，秦昭襄王就派人追上白起，赐给他一把剑，令他自杀。

赐死白起。

白起悲伤地说："苍天啊，我做错了什么？竟落得如此下场！"过了一会儿，他又自己说："唉！我本来就该死。长平之战，我坑杀赵兵数十万，这足够让我死了。"于是便自杀了。

哎，我本来就该死。

老谋深算
的王翦

年 代
> 战国后期

特 点
> 有勇有谋

成 就
> 以卓越的军事才能和战略眼光，
> 成功平定了多个诸侯国

王翦，频阳东乡人，秦国杰出的军事家。可以说六国中，王翦和王贲父子带兵灭了五个，是秦国统一六国的大功臣。

当时，秦国还有一员猛将，乃是年轻气盛、英勇威武的李信，他曾带着几千士兵追击燕军。他们两位均深得当时还是秦王的秦始皇的信任。

你两位都是大功臣啊。

秦国灭亡韩、赵、魏三国后，将矛头对准南方的楚国。秦王问将领："我打算攻取楚国，你们觉得需要多少兵马？"李信说："最多不过二十万！"王翦说："六十万，少一点都不行！"

秦王就说："王将军到底是老了，太胆怯了！"于是，秦王派了李信和蒙恬率二十万大军攻楚。王翦因秦王不采纳他的意见，就推托有病，回频阳养老了。

刚开始，秦军一路挺进，连攻下几座城池，大败楚军。但不久，自大轻敌的李信，很快被尾随的楚军打得大败，并被楚军攻入营垒，杀死了七个都尉。秦王听说后又怒又急，亲自奔赴频阳，向王翦道歉。

给你六十万人马，听你安排。

秦王说："我后悔没听您的话，现在您可不能丢下我不管啊！"王翦推辞说："我身体不好，请您选择其他将领吧。"秦王诚恳地说："请您不要再推辞了。"王翦才松口："大王如果一定要我领兵攻打楚国，非得六十万人马不可。"秦王一切都听王翦的安排。

于是，王翦率领着六十万大军出发了，秦王亲自到灞上为他送行。王翦一连向秦王要了许多良田、美宅、园林池苑。秦王不解地问："将军还用担心家里穷吗？"王翦说："我这是为子孙赚取家业。"说得秦王哈哈大笑。

王翦领着大军到函谷关之前，又五次派人回去请秦王赐给自己良田。王翦的手下都看不下去了，这也太过分了！王翦说："你不懂，我这么做是为了防止大王起疑心！我现在手握重兵，要是不把子孙好好安置在国内，他怎么能放心……"

这么做是为了防止大王起疑心！

楚王得知王翦增兵前来，就倾尽全国兵力前来御敌。可王翦抵达战场，只顾加固营垒，不肯出兵交战。楚军屡次挑战，王翦始终坚守不出。王翦让士兵们天天洗澡，顿顿吃大餐。

一段时间后，楚军叫阵叫得越来越累。秦军却憋着一股劲儿无处使，恨不得早日出战。有一天，王翦派人去看看士兵们在做什么游戏，去的人回来说："正在扔石头、跳远。"王翦说："是时候了！传令下去，立即披挂结阵，出击楚军！"

此时，楚军见秦军不肯出战，就带兵撤走了。王翦抓住时机，举兵追击，大败楚军。秦军杀死了楚将项燕，后来还俘获了楚王负刍，灭了楚国。

司马迁有话说

尺有所短，寸有所长。白起对付敌人时计谋层出不穷，然而面对范雎的陷害却束手无策。王翦平定六国，战功赫赫，但他却没能辅佐秦始皇以德治国，反而苟且逢迎、讨好君主，他的孙子被反秦义军俘虏，也算是理所当然吧？他们各有自己的短处啊。

军事要地——函谷关

函谷关作为古代中国最早的军事要塞时常出现在史书中。秦关位于河南省灵宝市北，汉关位于现在河南省三门峡市。因为秦关地处黄河南岸，设立在山谷之间所以被称为"函谷关"。作为古代秦国东侧最重要的关口，它曾让楚、赵、韩、卫多国攻秦的联军止步于此。

你们到底谁先上？

函谷关易守难攻的重要原因是在古秦关东侧只有一条十五公里长的道路。这条古道最窄的地方仅有两三米，只能让一辆马车通过，所以才有"一夫当关，万夫莫开"的说法。

除了重要的军事作用外，春秋时期老子在过函谷关时被当时守关的尹喜留下，写下了千古流传的《道德经》，所以这里也被誉为道教发祥地，很多人都来这里祭奠老子。函谷关也留下过很多有趣的故事，比如成语"鸡鸣狗盗"就发生在这里。

汉武帝时期，因为中原已经统一，老函谷关就失去了抵御外敌的意义，汉武帝便下令把函谷关东移一百多里。汉函谷关依然是军事要地，但进攻难度下降了不少。到了三国时期，曹操为了西进，又命人在旧秦函谷关附近修建了新的魏函谷关。

在自家院里还叫什么关口？挪走！

函谷如玉关，几时可生还。

虽然经历过两次改移，但是函谷关在古人心中的重要意义从未改变，许多文人墨客在经过函谷关时都会忍不住留下几句诗词。李白、杜甫等著名诗人都有关于函谷关的名句。

图书在版编目（CIP）数据

轻松读史记.先秦英杰 /（西汉）司马迁著；洋洋
兔编绘 . -- 北京：北京理工大学出版社，2024.8
（启航吧知识号）.
ISBN 978-7-5763-4348-9

Ⅰ . K204.2-49

中国国家版本馆 CIP 数据核字第 202405EH58 号

责任编辑：闫风华　　文案编辑：闫风华
责任校对：刘亚男　　责任印制：王美丽

出版发行 / 北京理工大学出版社有限责任公司
社　　　址 / 北京市丰台区四合庄路 6 号
邮　　　编 / 100070
电　　　话 /（010）82563891（童书售后服务热线）
网　　　址 / http: //www.bitpress.com.cn
经　　　销 / 全国各地新华书店

印　　　刷 / 北京尚唐印刷包装有限公司
开　　　本 / 710mm×1000mm　1/16
印　　　张 / 8.75
字　　　数 / 200 千字
版　　　次 / 2024 年 8 月第 1 版　2024 年 8 月第 1 次印刷
定　　　价 / 36.00 元